Easy Piano

JUSTIN BIEBER
MY WORLD 2.0

ISBN 978-1-61780-407-6

HAL•LEONARD
CORPORATION
7777 W. BLUEMOUND RD. P.O. BOX 13819 MILWAUKEE, WI 53213

Visit Hal Leonard Online at
www.halleonard.com

BABY

Words and Music by JUSTIN BIEBE[R]
CHRISTOPHER STEWART, CHRISTINE FLORE[S]
CHRISTOPHER BRIDGES and TERIUS NAS[H]

love, _____ you are my heart, _____ and we will nev - er ev - er ev - er be a -

part. _____ Are we an i - tem? _ Girl, quit play - in'. _____ We're

just friends, _ what are you say - in'? ___ Said there's an - oth - er, and looked right in my

eyes. _____ My first love broke my heart for the first ____ time. And I was like,

ba - by, ba - by, ba - by, oh, thought you'd al - ways be __ mine, __

__ mine. __ Oh, for you I would have done what - ev - er, _____ and I just

can't be - lieve __ we ain't to - geth - er. _____ And I wan - na play it cool, but I'm

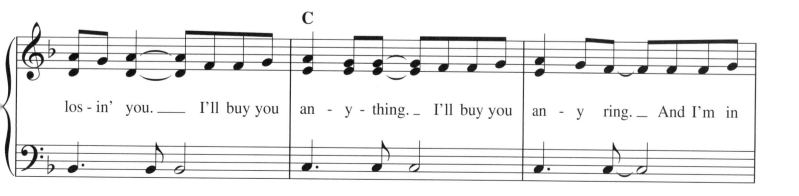

los - in' you. __ I'll buy you an - y - thing. __ I'll buy you an - y ring. __ And I'm in

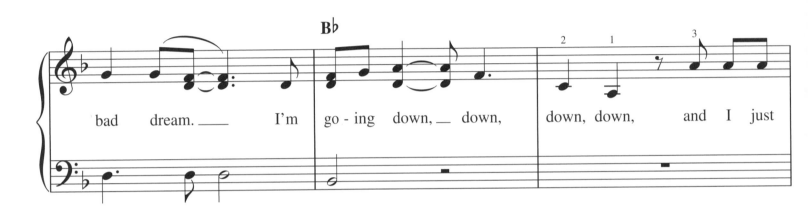

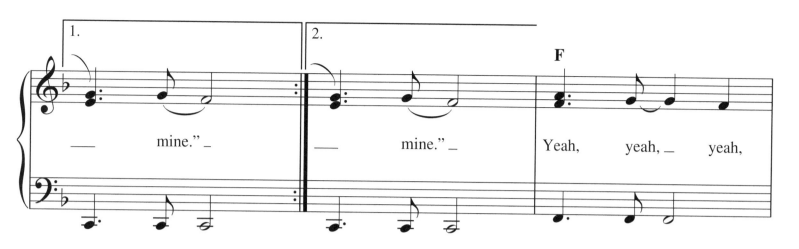

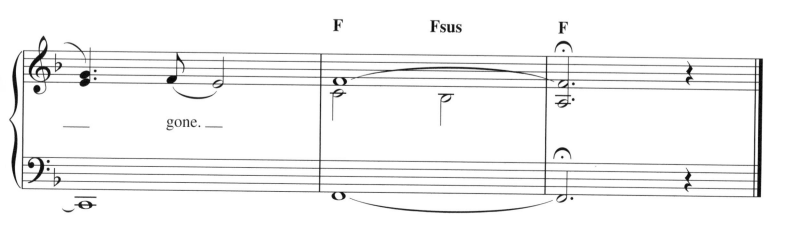

SOMEBODY TO LOVE

Words and Music by JUSTIN BIEBER,
HEATHER BRIGHT, RAY ROMULUS,
JEREMY REEVES and JONATHAN YIP

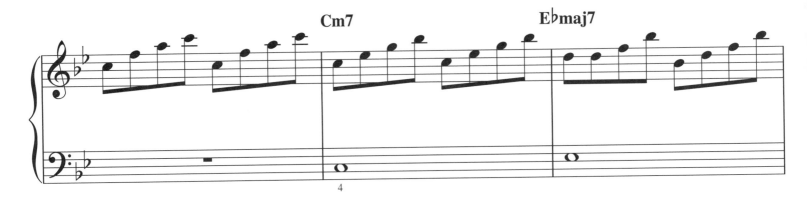

Cm

watch 'em play for ya. For you I'd be, _____ whoa, ___ ah, ___
smile for me, smile for me. I would take _____ ev - 'ry sec -

E♭maj7   F

_____ run - nin' a thou - sand miles   just get to where you are.
- ond, ev - 'ry sin - gle time,   spend it like my last ___ dime.

Cm7

Step to the beat of my heart. ___ I don't ___ need a

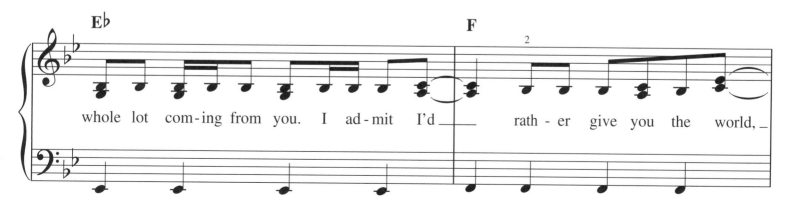

E♭   F

whole lot com-ing from you. I ad - mit I'd ___ rath - er give you the world, _

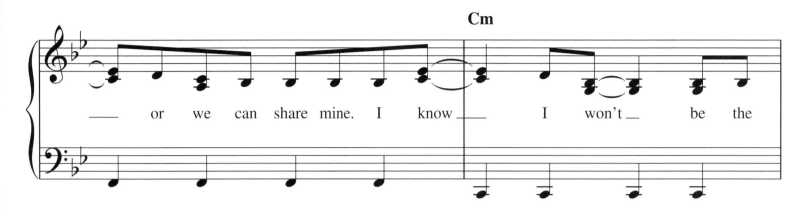

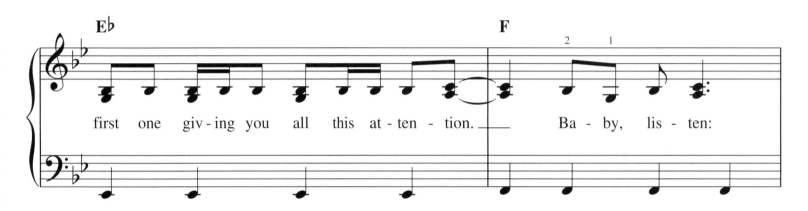

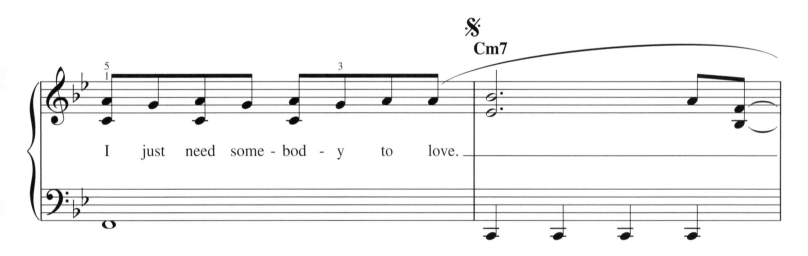

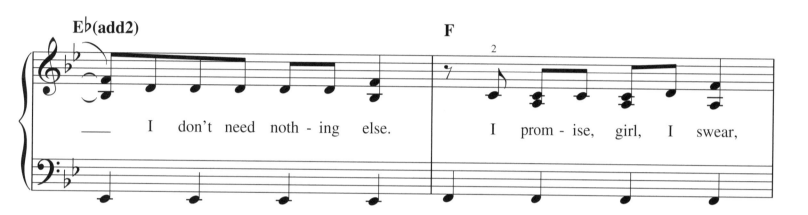

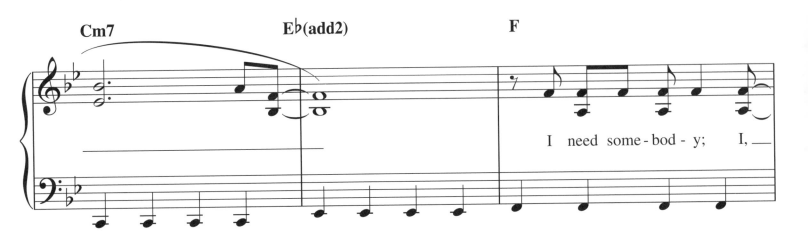

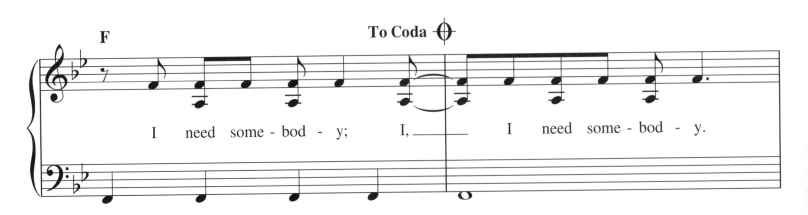

And you can have it all; an - y - thing you want

I can bring, __ give you the fin - er things, __ yeah.

But what I real - ly want I can't find, __ 'cause mon - ey can't buy me

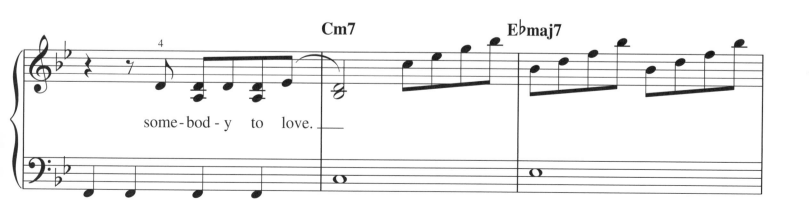

some - bod - y to love. __

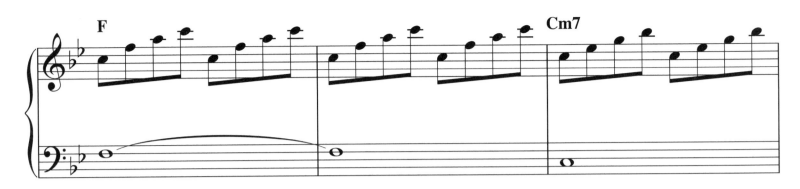

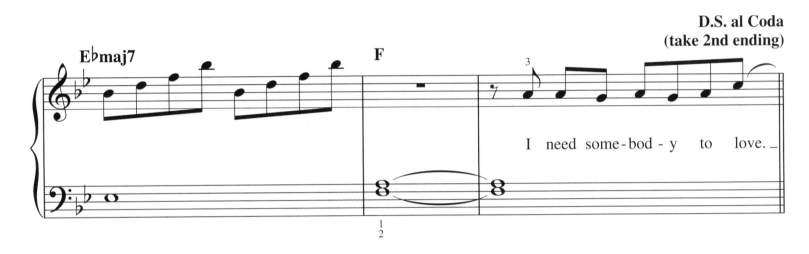

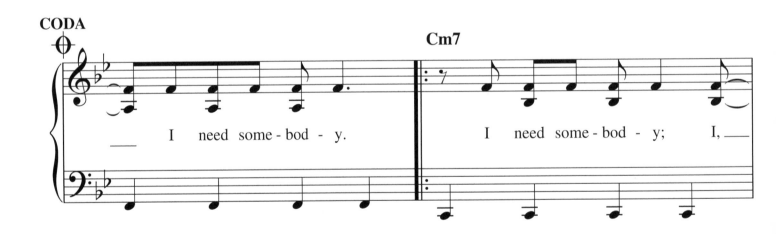

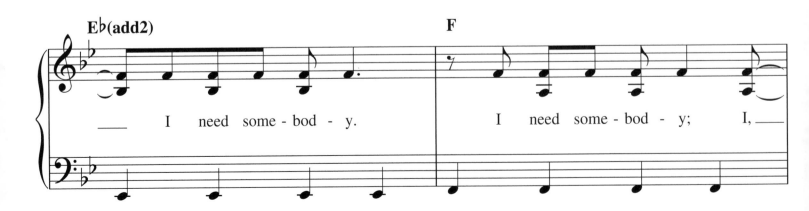

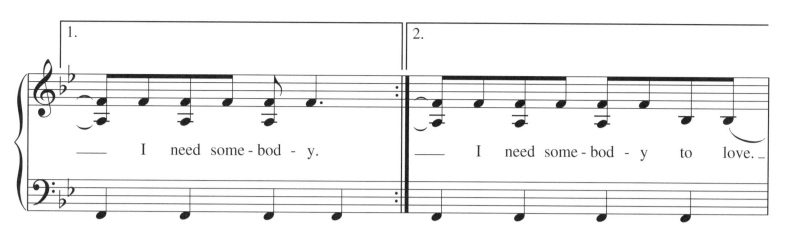

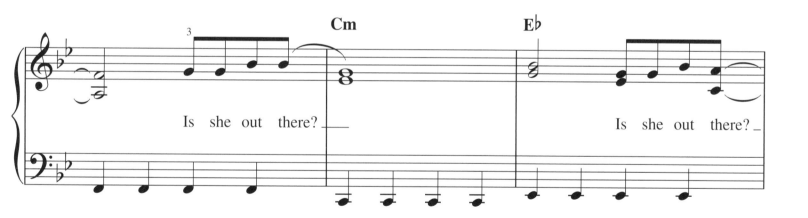

STUCK IN THE MOMENT

Words and Music by JUSTIN BIEBER,
RAY ROMULUS, AUGUST RIGO,
JEREMY REEVES and JONATHAN YIP

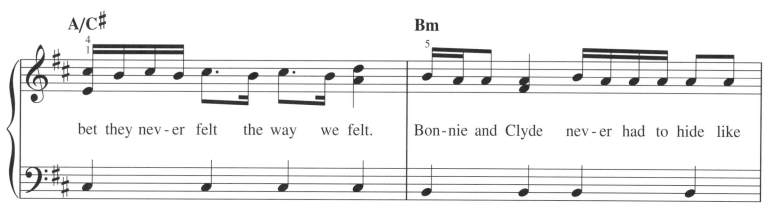

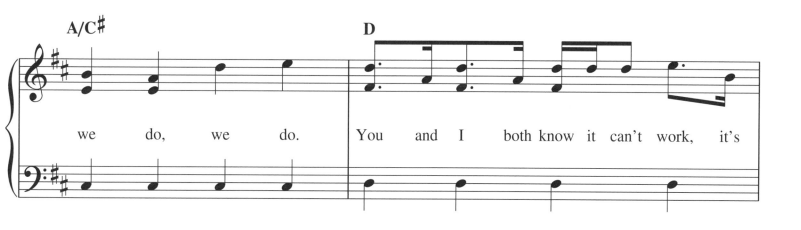

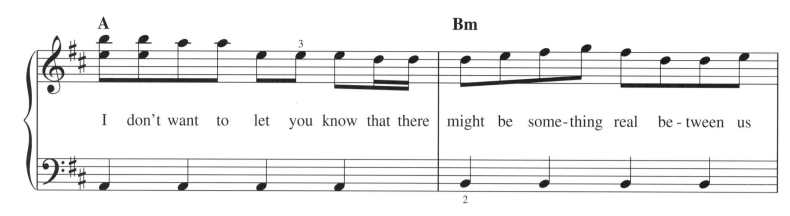

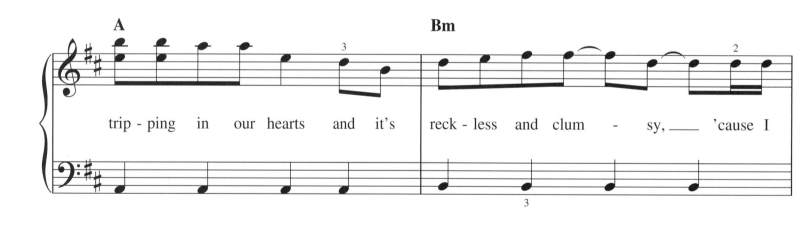

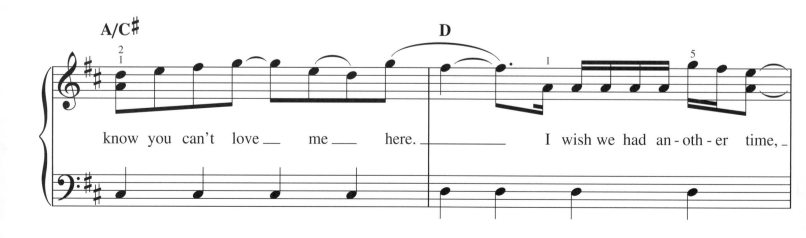

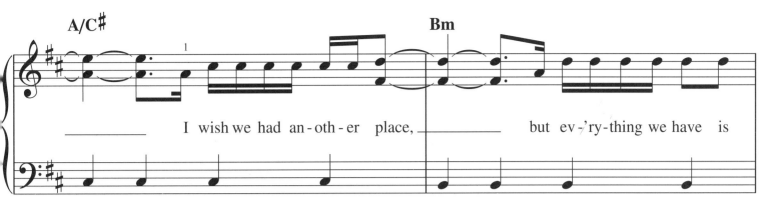

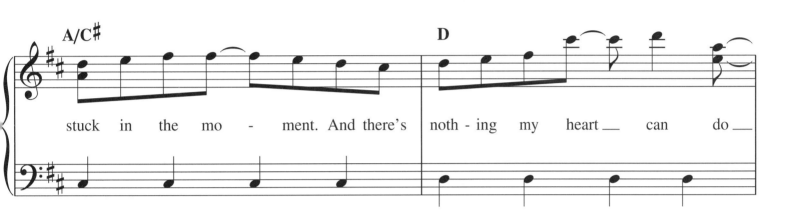

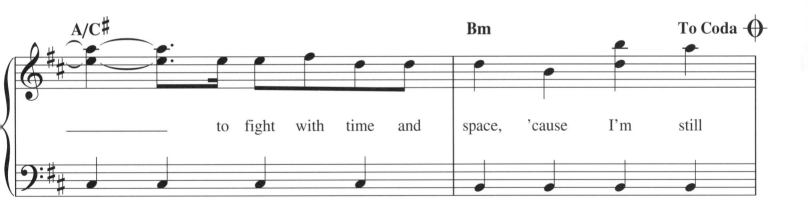

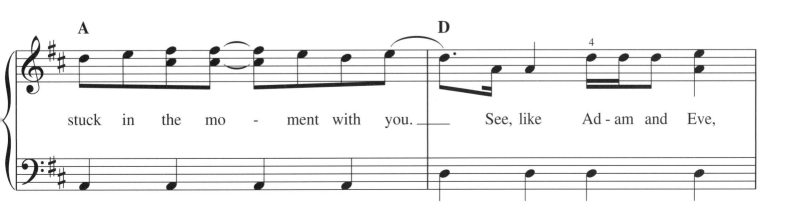

tra - ge - dy was our des - ti - ny. Like Son - ny and Cher, I don't care, I've

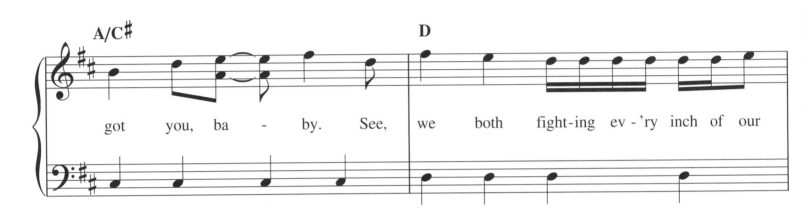

got you, ba - by. See, we both fight-ing ev -'ry inch of our

fi - bers, 'cause ain't no way it's gon-na end right, but ___ we are both too

fool-ish to stop. _____ Now,

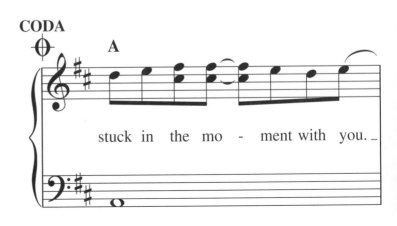

stuck in the mo - ment with you. _

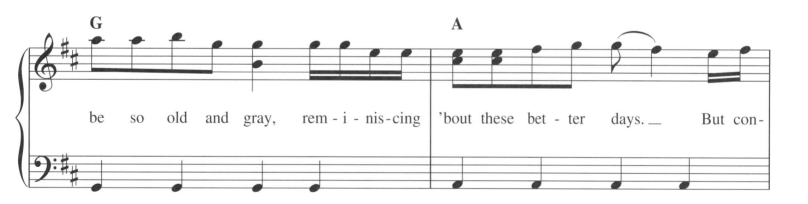

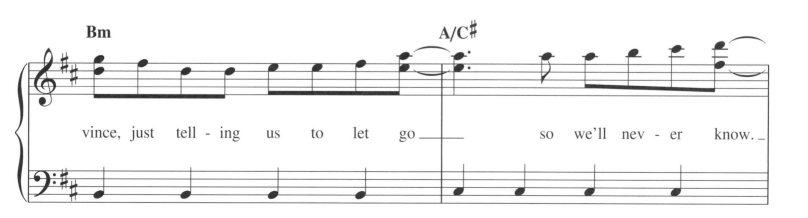

See, like, just be-cause this old, cruel world says we can't be, ba-by, we

both have the __ right __ to dis-a- gree, and I ain't with it. And I don't want to

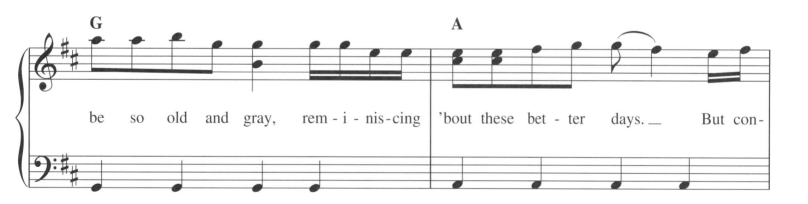

be so old and gray, rem-i-nis-cing 'bout these bet-ter days. __ But con-

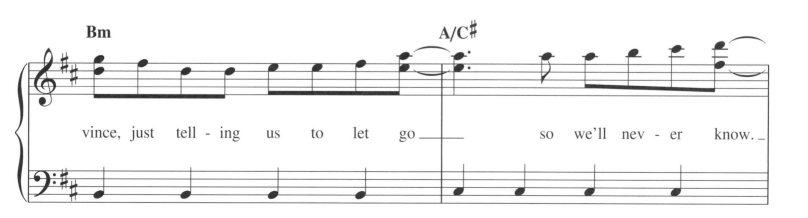

vince, just tell-ing us to let go __ so we'll nev-er know. __

24

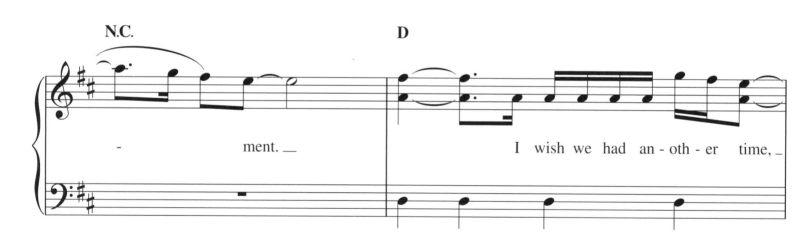

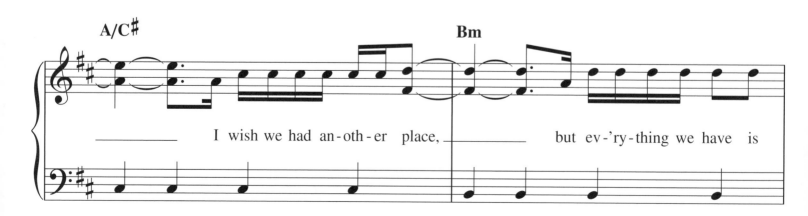

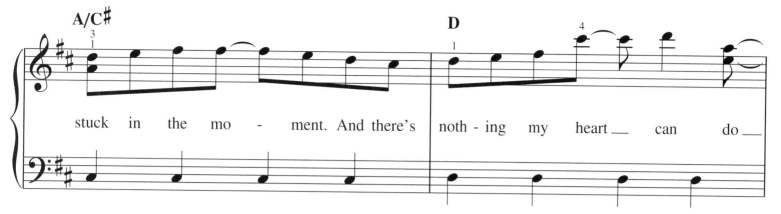

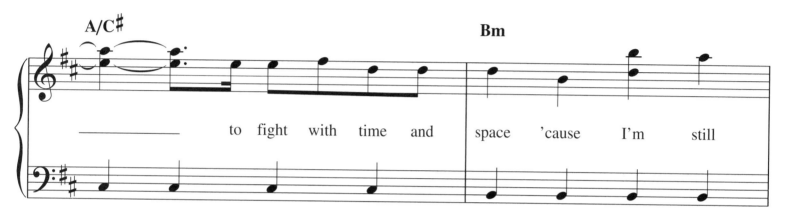

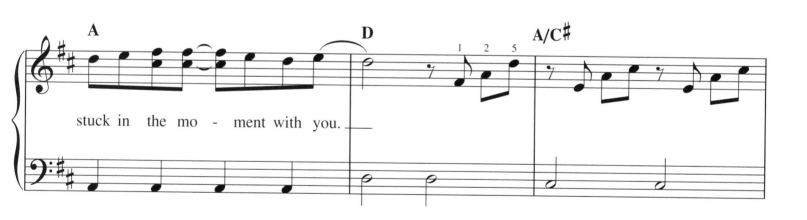

U SMILE

Words and Music by JUSTIN BIEBER,
ARDEN ALTINO, JERRY DUPLESSIS
and DAN RIGO

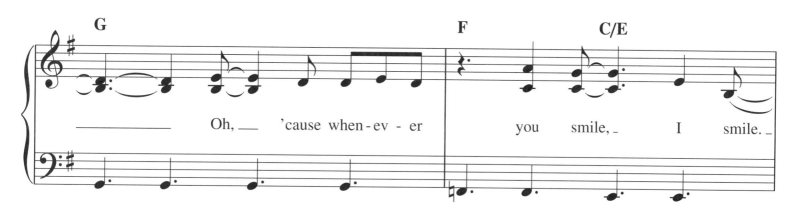

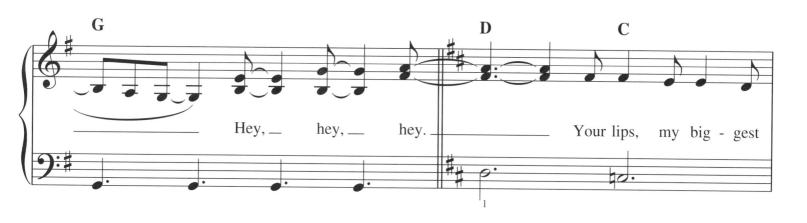

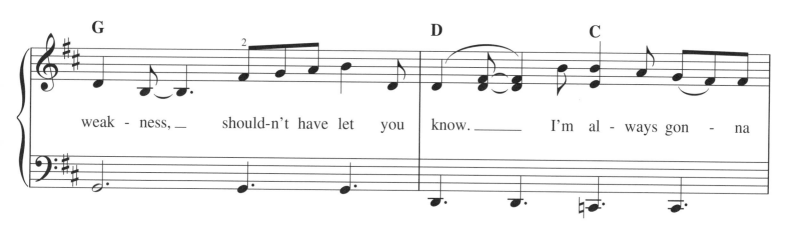

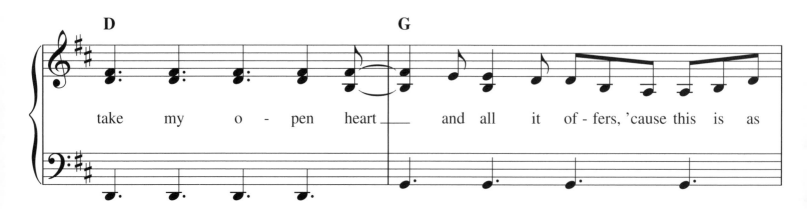

30

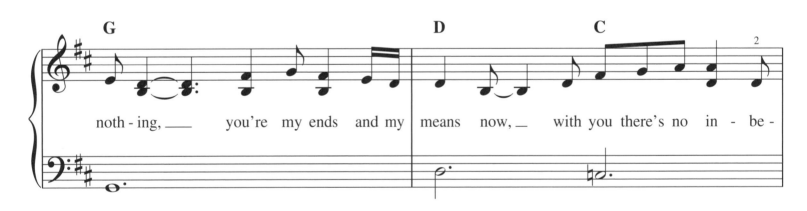

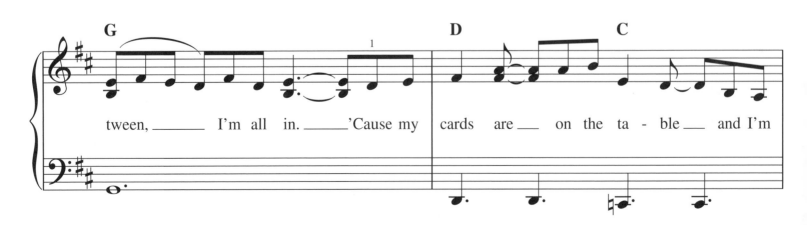

G

will - ing ___ and I'm a - ble, ___ but I

D   C

fold ___ to your wish 'cause it's my com-

G

D.S. al Coda

mand, ___ hey, ___ hey, ___ hey.

CODA

G

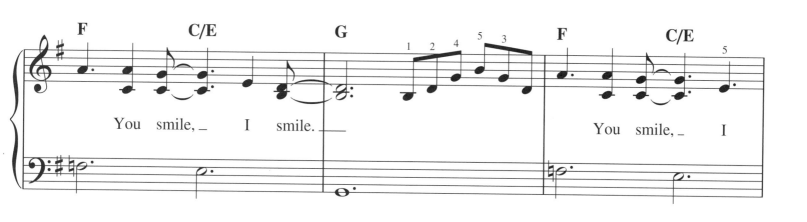

F   C/E

You smile, _ I smile. ___

G   F   C/E

You smile, _ I

G(add2)

smile. ___

8vb

RUNAWAY LOVE

Words and Music by JUSTIN BIEBER,
THERON THOMAS, TIMOTHY THOMAS,
M. HOUGH II and R. WOUTER

I need to find her 'fore an-oth-er man does,

I would-n't want him to steal __ my __ love. __

I'm just try'n' to be cool, __ cool, cool.

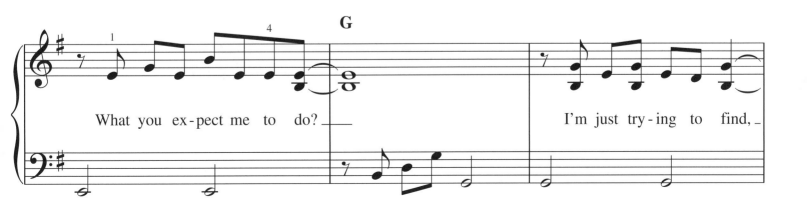

What you ex-pect me to do? __ I'm just try-ing to find, __

find, find this sweet love of mine. I'm run-ning out of time.

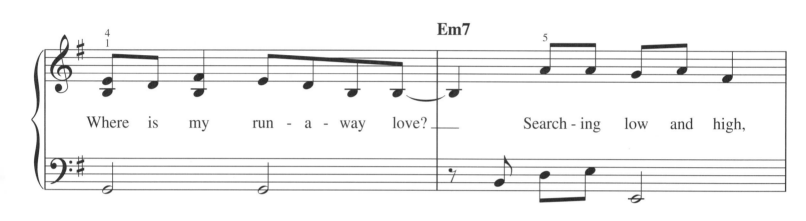

Where is my run - a - way love? Search - ing low and high,

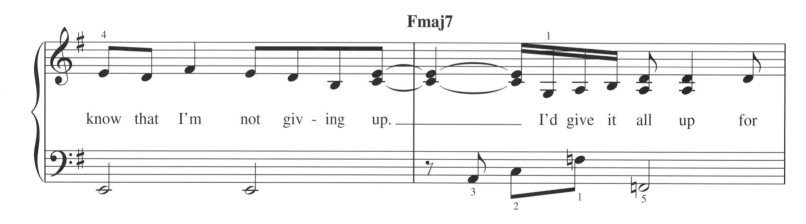

know that I'm not giv - ing up. I'd give it all up for

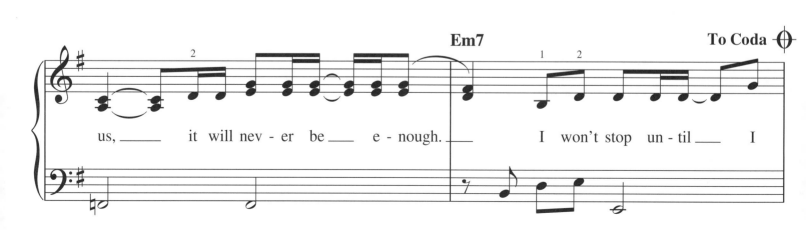

us, it will nev - er be e - nough. I won't stop un - til I

find my run - a - way love. ___ See, my ba - by real - ly needs some help, ___

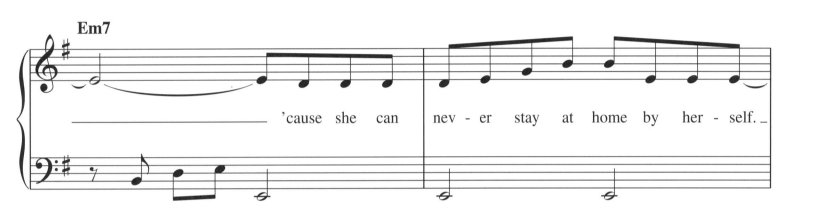

___ 'cause she can nev - er stay at home by her - self. ___

___ She says she needs a lit - tle com - pa - ny, ___

___ e - ven if she's not al - ways with me, ___ yeah. ___

36

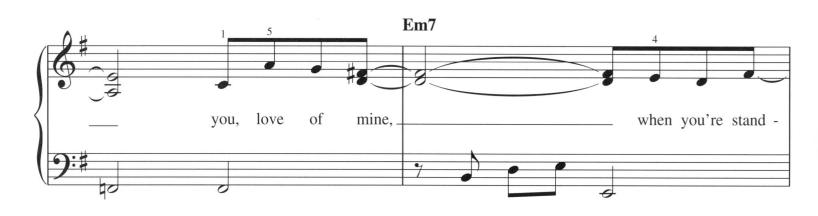

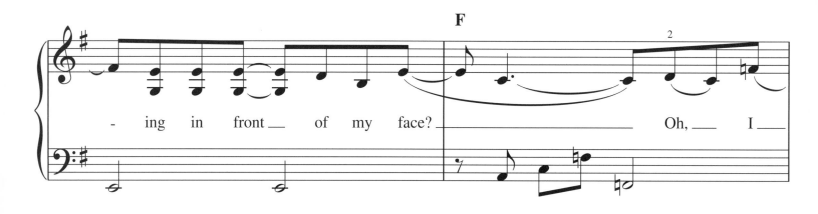

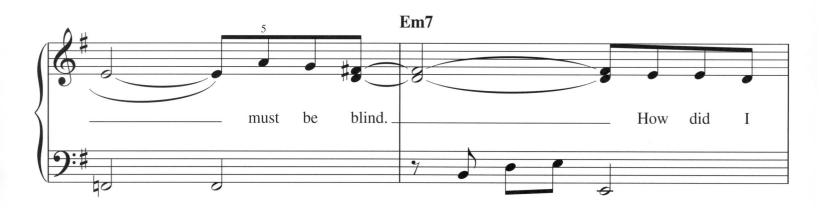

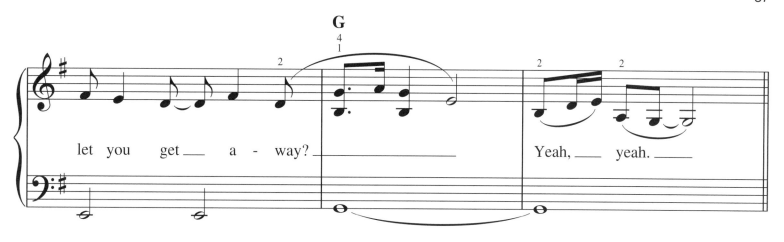

let you get a - way? Yeah, yeah.

I'm run - ning out of time. Where is my run - a - way love?

Search - ing low and high, know that I'm not giv - ing up.

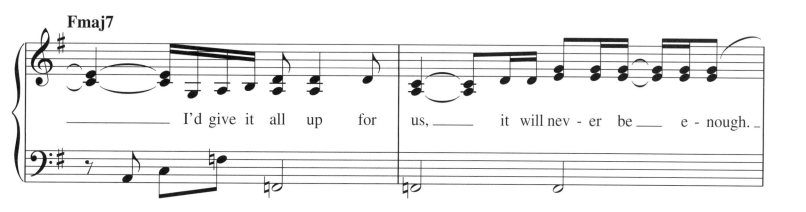

I'd give it all up for us, it will nev - er be e - nough.

NEVER LET YOU GO

Words and Music by JOHNTA AUSTIN
and BRYAN MICHAEL COX

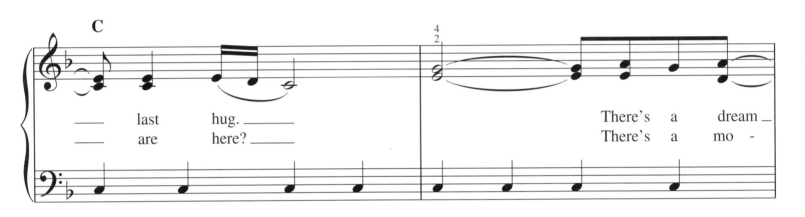

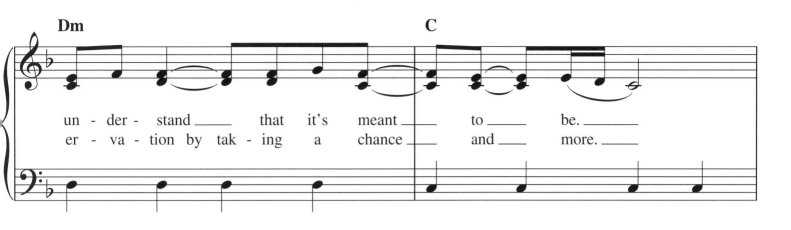

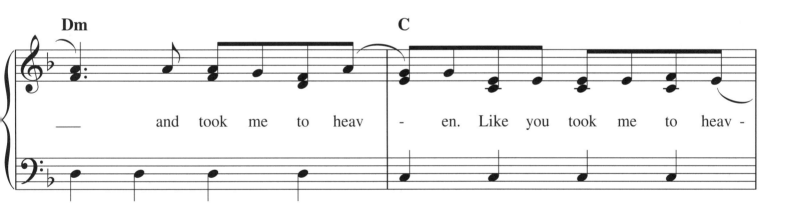

- ter. I don't want you to go, __ oh, no. __ Let the mu - sic blast, __ we gon' do __

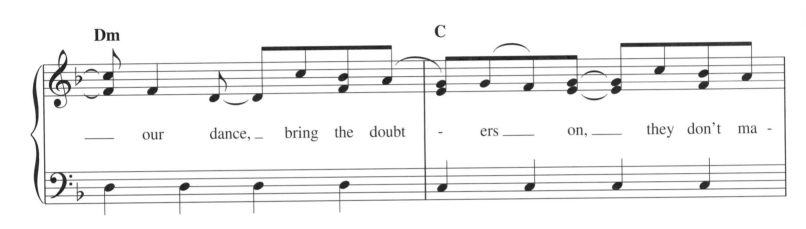

__ our dance, __ bring the doubt - ers __ on, __ they don't ma -

ter at __ all. __ 'Cause this life's __ too long __ and this love's __ too strong, __ so, ba - by,

know for sure __ that __ I'll nev - er let you go. I'll nev - er let you go. __

It's like an an-gel came by ____ and took me to heav - en. Like you took me to heav-

- en, girl. ____ 'Cause when I stare in your eyes, ____ it could-n't be bet-

- ter. I don't want you to go, ____ oh, no, ____ so... ____

Take my hand, _ (take my hand,) ____ let's just dance, _ (let's just dance,) _

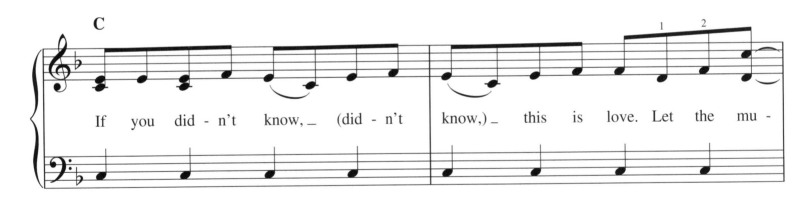

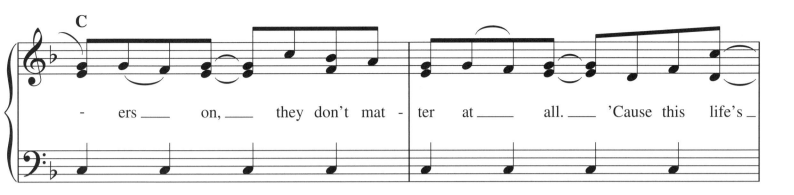

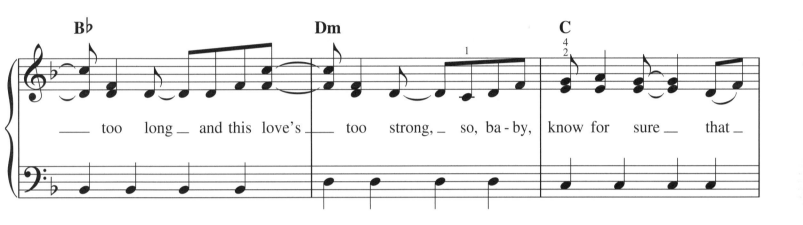

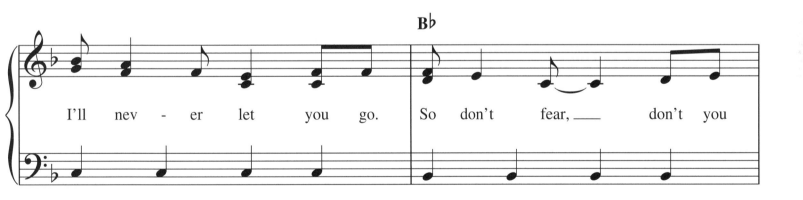

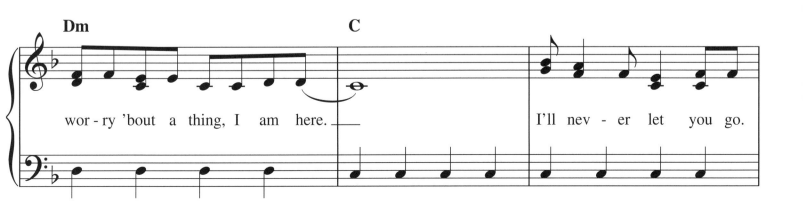

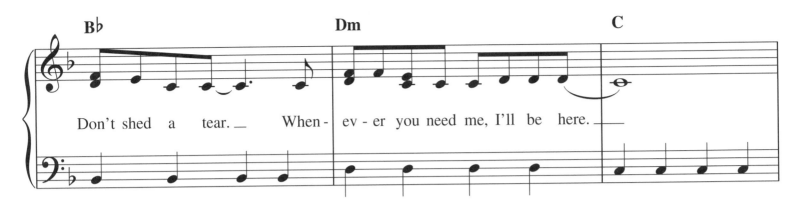

OVERBOARD

Words and Music by JUSTIN BIEBER,
DAPO TORIMIRO, TAURIAN SHROPSHIRE,
KEVIN RISTO and WAYNNE NUGENT

And when I want to talk, you say to me _____ that if it's

meant _ to be ___ it will be. _____ Whoa, _____ no. So cra-zy is _

____ this thing ___ we call love, ____ and now that we've got ___

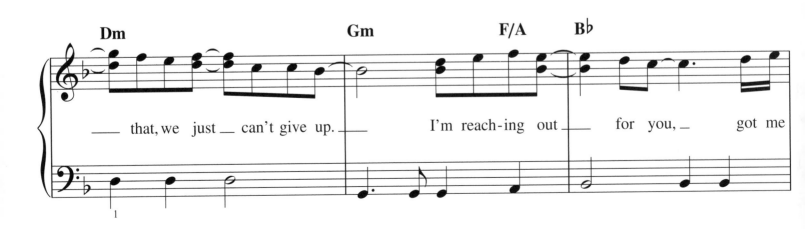

___ that, we just ___ can't give up. ___ I'm reach-ing out ___ for you, _ got me

out here in the wa-ter and I... ____ I'm o-ver-board ____ and I need _

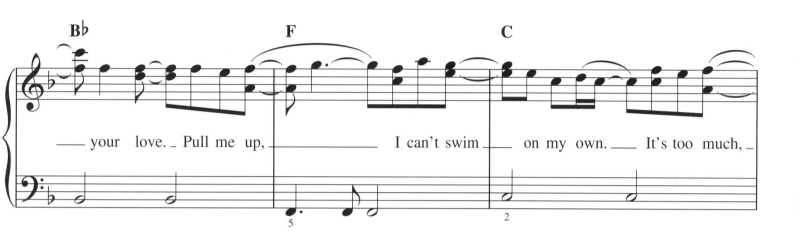

— your love. _ Pull me up, ____ I can't swim ___ on my own. ___ It's too much, _

____ feels like I'm drown - ing with out __ your _ love, ____ so throw your-self out _

— to me, my life sav - er. Life sav - er, oh, life sav - er, oh,

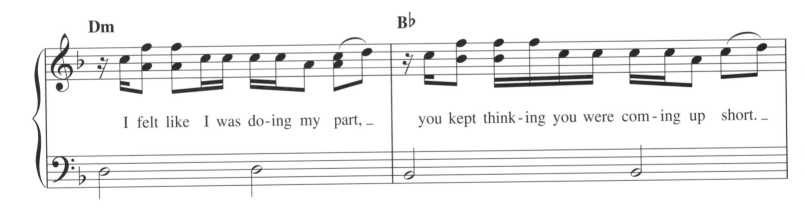

to me, my life sav - er. ___ Oh. ___ It's sup -

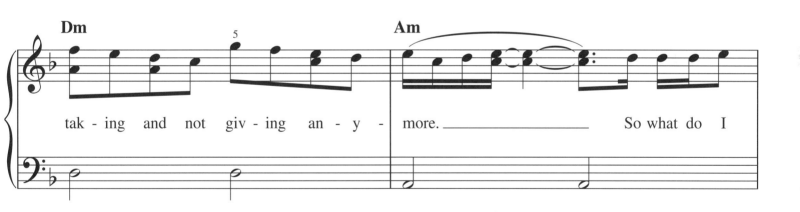

posed to be some give and take, _ I know. ___ But you're on - ly

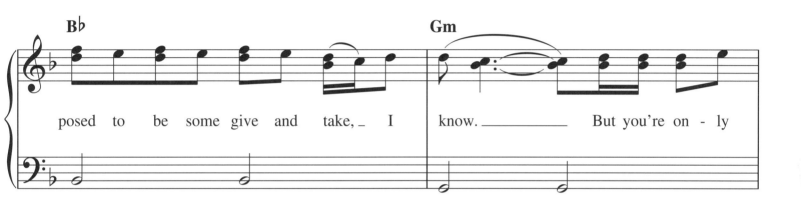

tak - ing and not giv - ing an - y - more. ___ So what do I

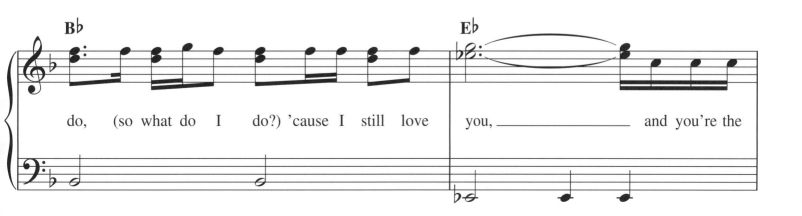

do, (so what do I do?) 'cause I still love you, ___ and you're the

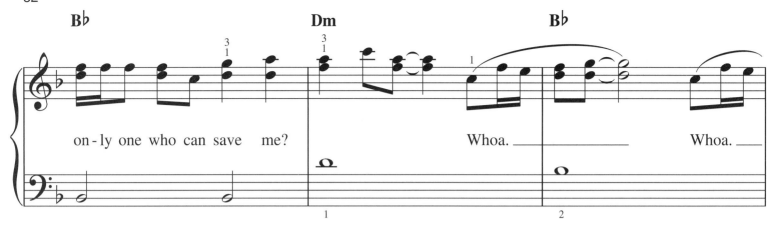

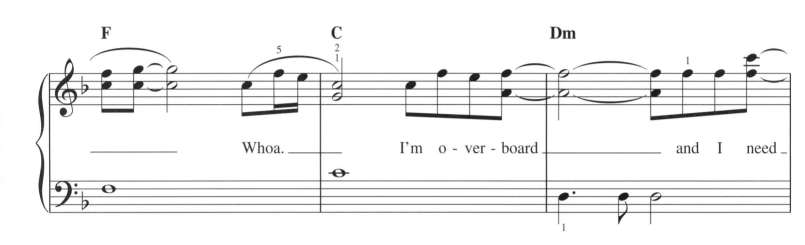

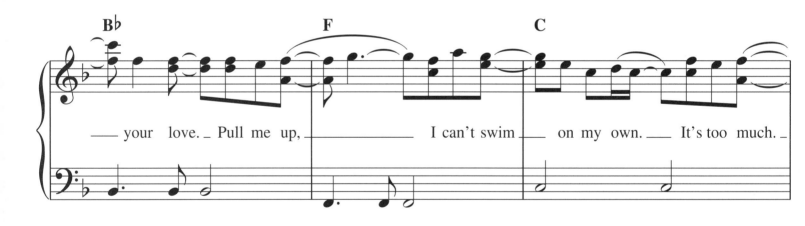

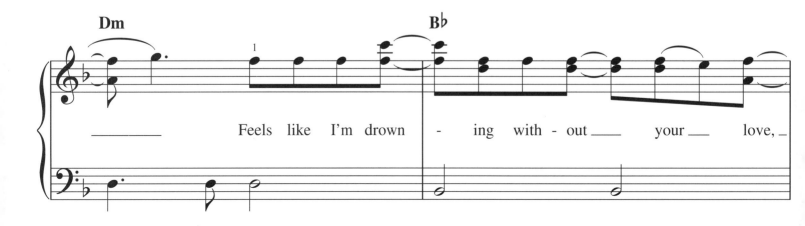

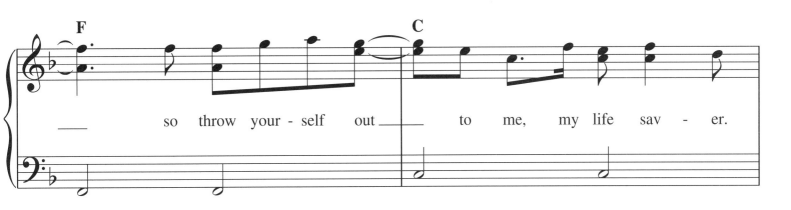

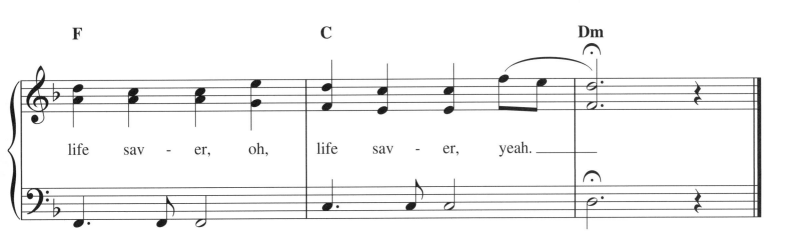

EENIE MEENIE

Words and Music by KISEAN ANDERSON,
ERNEST CLARK, MARCOS PALACIOS, CARLOS BATTEY,
JUSTIN BIEBER, BENJAMIN LEVIN and STEVEN BATTEY

Moderate Dance beat

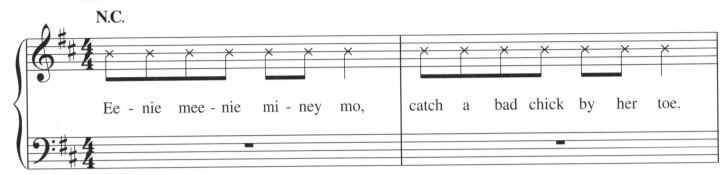

Ee - nie mee - nie mi - ney mo, catch a bad chick by her toe.

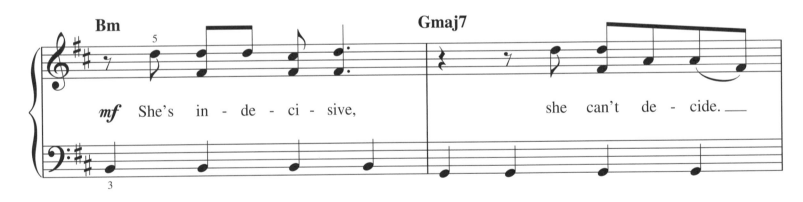

If she hol - la, if, if, if she hol - la, let her go.

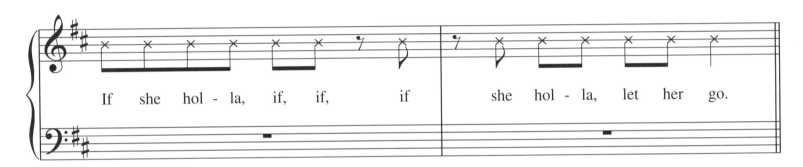

She's in - de - ci - sive, she can't de - cide.

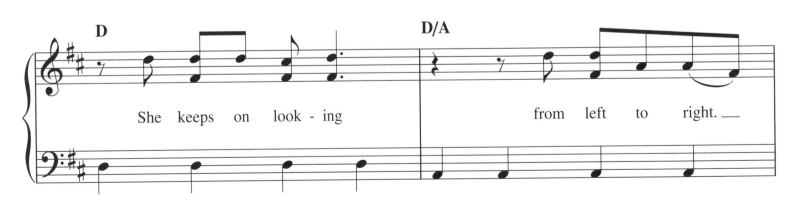

She keeps on look - ing from left to right.

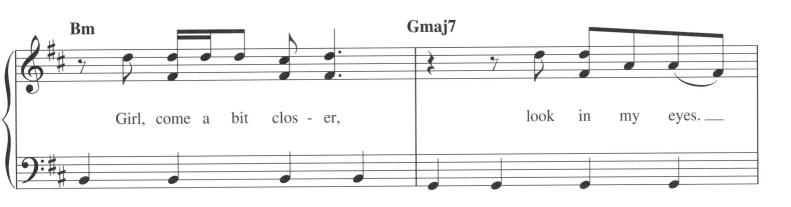

Girl, come a bit clos - er, look in my eyes. __

Search - ing is so wrong. I'm Mis - ter Right. __
You seem like the type __

__ to love __ 'em and leave __ 'em, and

dis - ap - pear right af - ter the song. __ So give me the night __

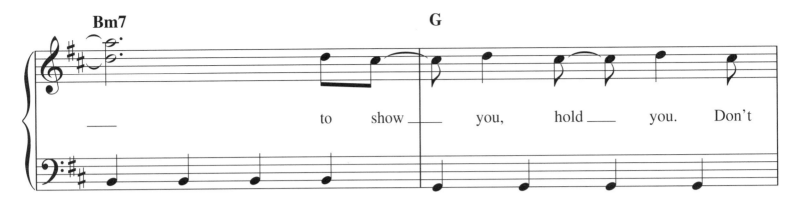

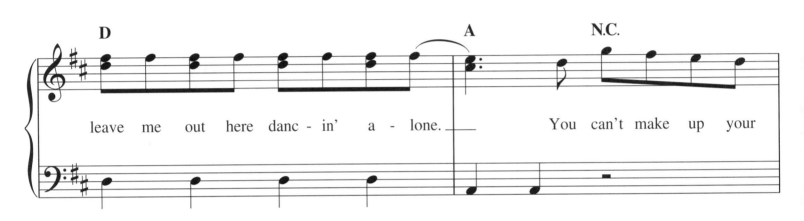

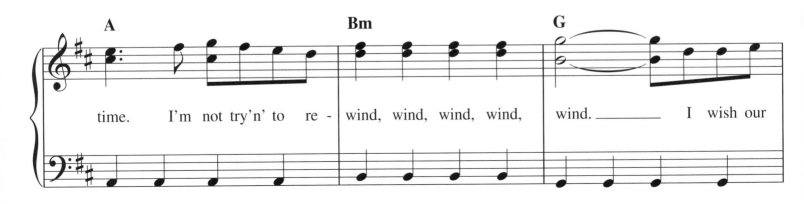

hearts could come to - geth - er   as   one. ____   'Cause shaw - ty is a

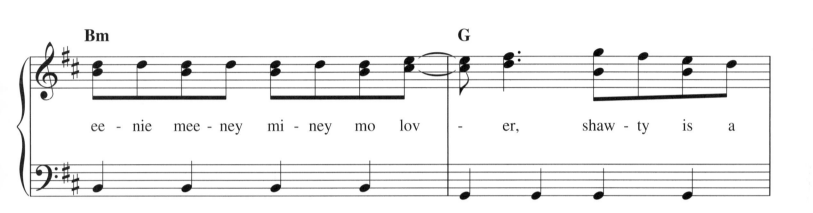

ee - nie   mee - ney   mi - ney   mo   lov -   er,   shaw - ty is a

ee - nie   mee - nie   mi - ney   mo   lov -   er.   Shaw - ty is a

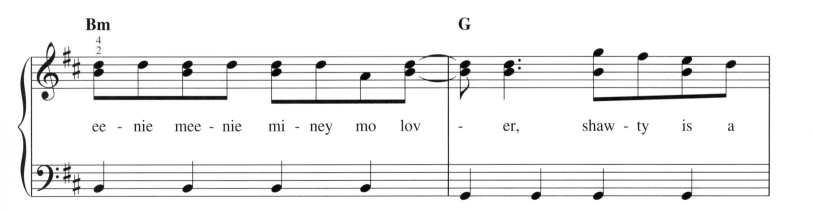

ee - nie   mee - nie   mi - ney   mo   lov -   er,   shaw - ty is a

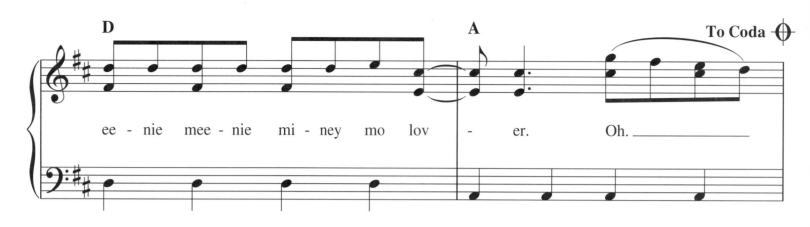

ee - nie mee - nie mi - ney mo lov - er. Oh. _____

Let me show you what you're miss - in': Pa - ra - dise. __

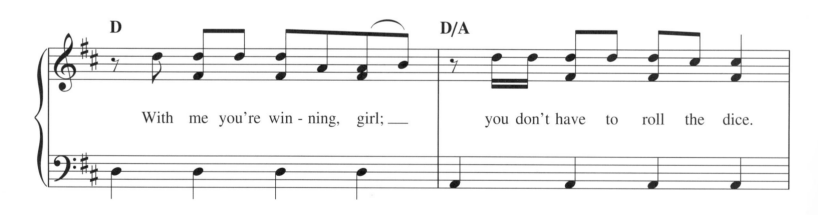

With me you're win - ning, girl; __ you don't have to roll the dice.

Tell me what you're real - ly here for. Them oth - er guys? _

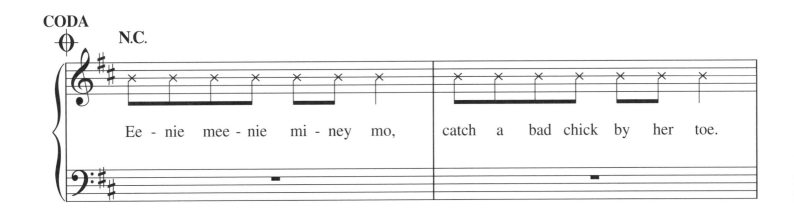

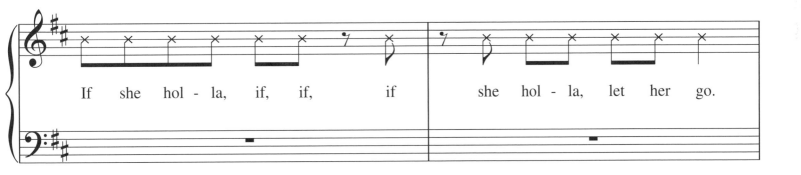

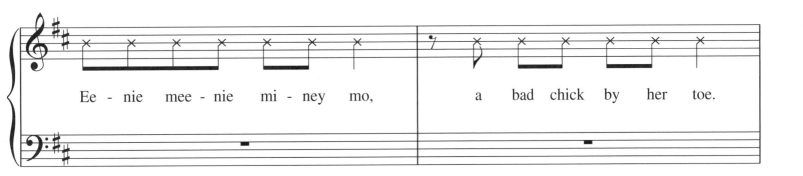

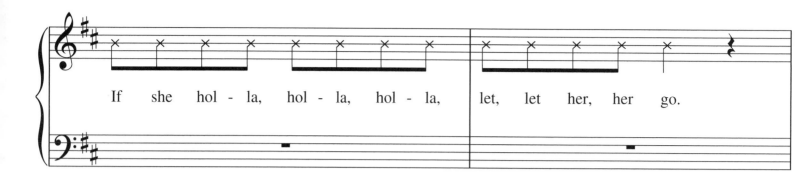

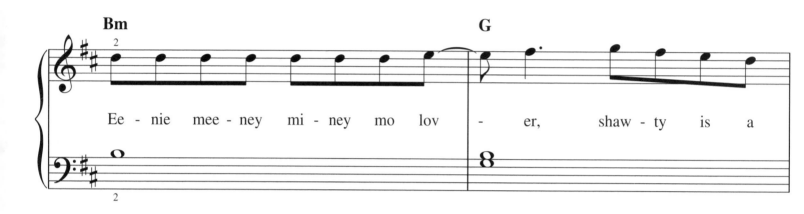

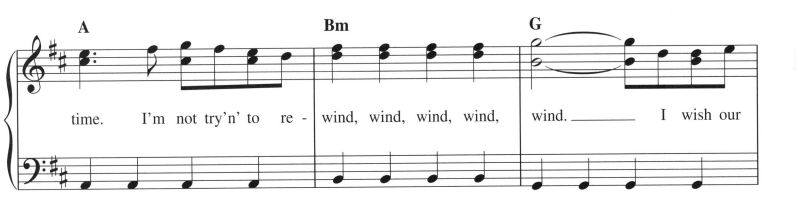

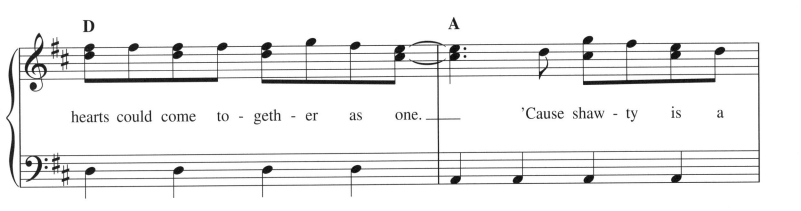

ee - nie mee - ney mi - ney mo lov - er, shaw - ty is a

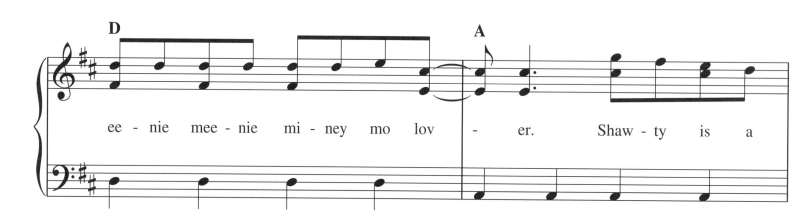

ee - nie mee - nie mi - ney mo lov - er. Shaw - ty is a

ee - nie mee - nie mi - ney mo lov - er, shaw - ty is a

ee - nie mee - nie mi - ney mo lov - er. Oh. _____

UP

Words and Music by JUSTIN BIEBER,
NASRI ATWEH and ADAM MESSINGER

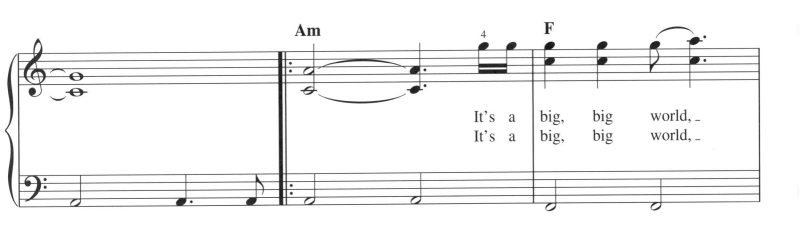

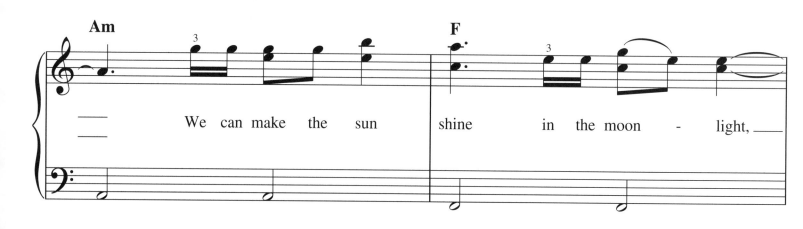

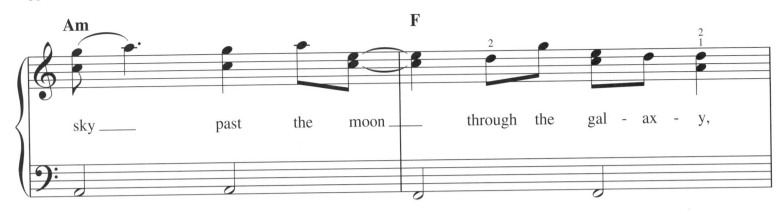

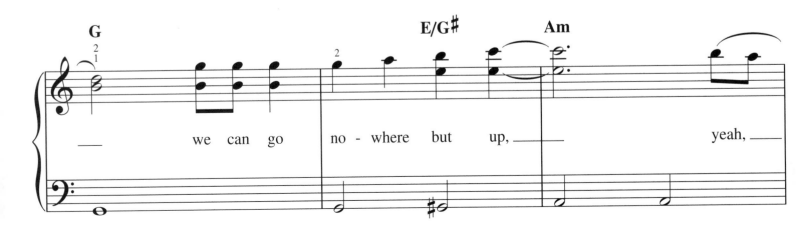

THAT SHOULD BE ME

Words and Music by JUSTIN BIEBER,
NASRI ATWEH, LUKE BOYD
and ADAM MESSINGER

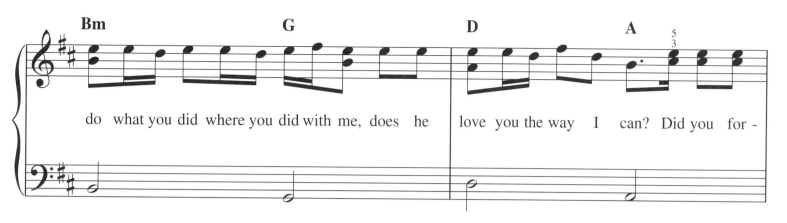

72

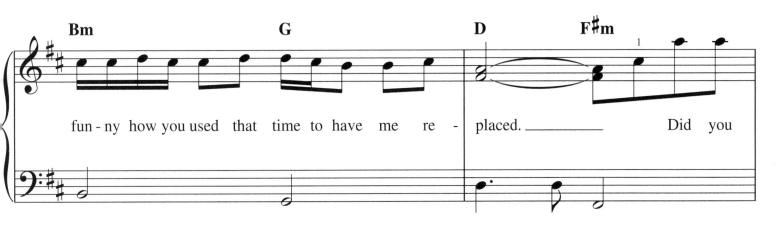

fun - ny how you used that time to have me re - placed. _____ Did you

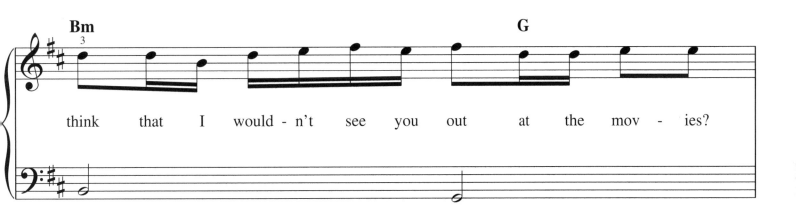

think that I would - n't see you out at the mov - ies?

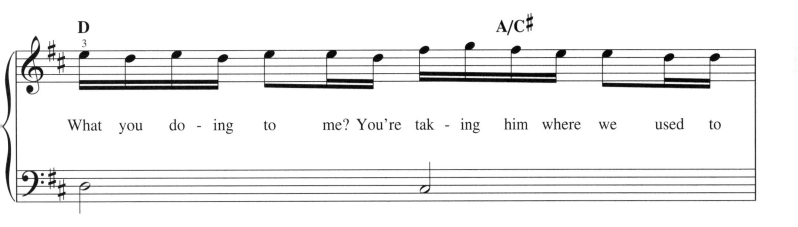

What you do - ing to me? You're tak - ing him where we used to

D.S. al Coda

go. Now, if you're try'n'to break my heart, it's work - ing, 'cause you know that it should be

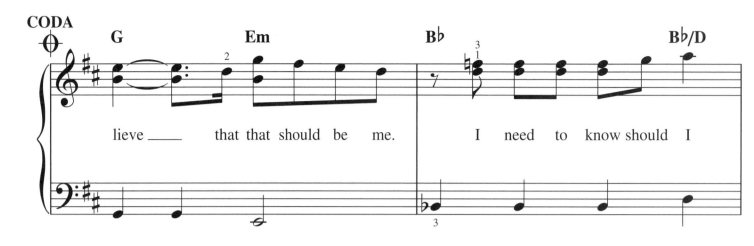

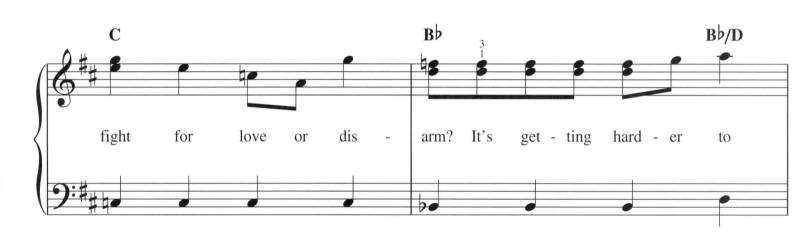

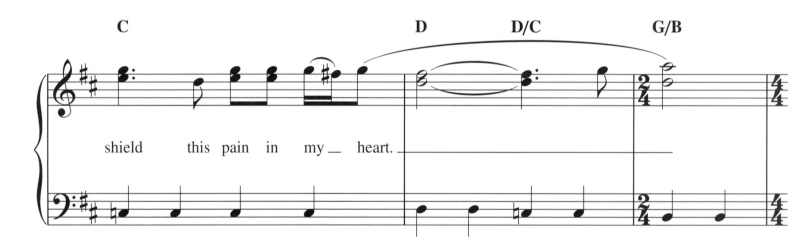

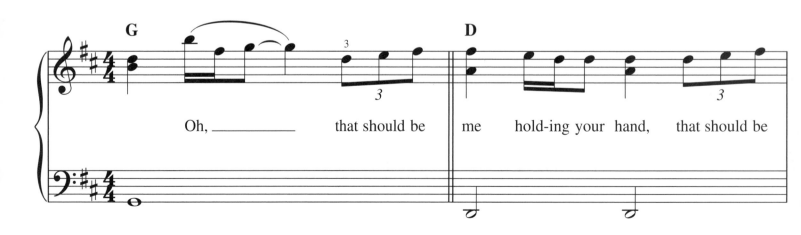

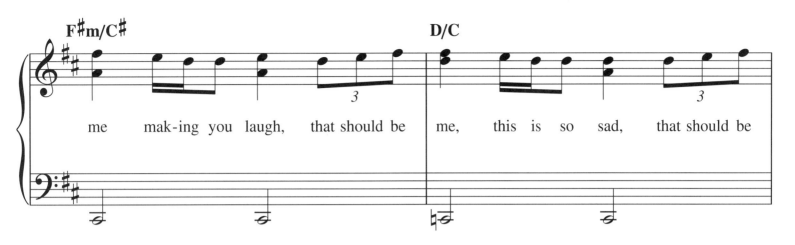

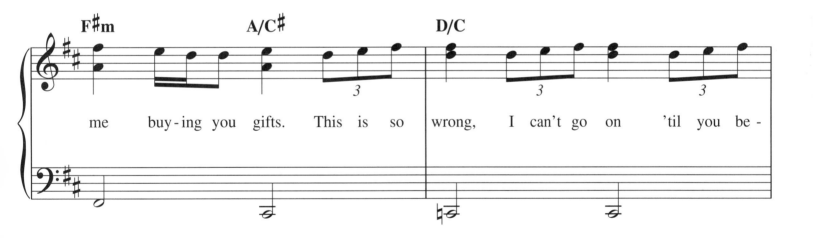

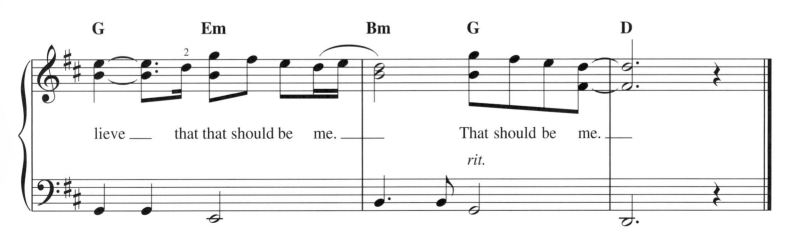